Ma vie de sorcière

Anne-Sophie Silvestre est née en 1960 à Neuilly. Après avoir fait des études de médecine, elle exerce son métier à temps partiel afin de garder du temps pour ses enfants et pour l'écriture, son autre passion. Ses romans ont été publiés aux éditions Hachette, Flammarion, Milan, Casterman et Bayard Jeunesse.

Du même auteur dans Bayard Poche :
Perle, la courageuse (J'aime lire)

Pascal Lemaître est né en 1967 à Bruxelles, où il réside encore aujourd'hui. Pascal est un touche-à-tout puisqu'il travaille à la fois pour la presse, l'édition française et américaine, les dessins animés. Il conçoit des affiches, des campagnes de communication... En France, ses livres sont publiés aux éditions Casterman, Albin Michel, Nathan, Le Seuil et La Martinière. Il collabore aussi très régulièrement aux revues de Milan et de Bayard Jeunesse.

Du même illustrateur dans Bayard Poche :
Binvoui le robot - Attention, voilà Tipota ! (Mes premiers j'aime lire)

Quatrième édition

Dépôt légal : avril 2006
ISBN : 978-2-7470-1966-8
Loi du 16 juillet 1949 sur les publications destinées à la jeunesse.

Ma vie de sorcière

Une histoire écrite par Anne-Sophie Silvestre
illustrée par Pascal Lemaître

J'AIME LIRE
BAYARD POCHE

1
Moi, Élodie Popcorn, sorcière

Ma grand-mère m'a offert un livre. Il a pour titre *Aldegonde, sorcière*. C'est un livre étonnant, admirable. Je l'ai lu plusieurs fois, et je me suis décidée : à mon tour, j'allais devenir sorcière.

La sorcellerie est un art difficile. Il ne suffit pas de dire : « Abracadabra ! » Non, il faut respecter des règles.

Première règle : la patience. On rate beaucoup de sorts avant d'en réussir un.

Deuxième règle : le secret. Une vraie sorcière ne doit révéler son pouvoir à aucune créature qui parle.

Troisième règle : la concentration. Si une sorcière désire intensément quelque chose, en principe, la chose se produit.

J'ai ainsi accompli mon premier sort le jour de mon anniversaire.

J’ai souhaité très fort que papa et maman me donnent un chien, un berger des Pyrénées. Et j’ai presque réussi : j’ai eu deux poissons rouges.

Mes parents m’ont expliqué qu’un gros chien serait malheureux dans notre appartement et que les poissons perdent nettement moins de poils que les chiens de berger…

Ma grande sœur, Lili, m'a dit :

– Élodie, ils sont superbes, tes poissons ! Bon anniversaire, ma vieille !

C'est vrai qu'ils sont beaux. Ils ont une grande queue rouge et dorée. Ils viennent m'embrasser le doigt quand je le trempe dans l'eau. Je les ai appelés Castor et Pollux, comme les chats noirs de mon modèle, la sorcière Aldegonde.

2
Lundi : amour et Coca-Cola

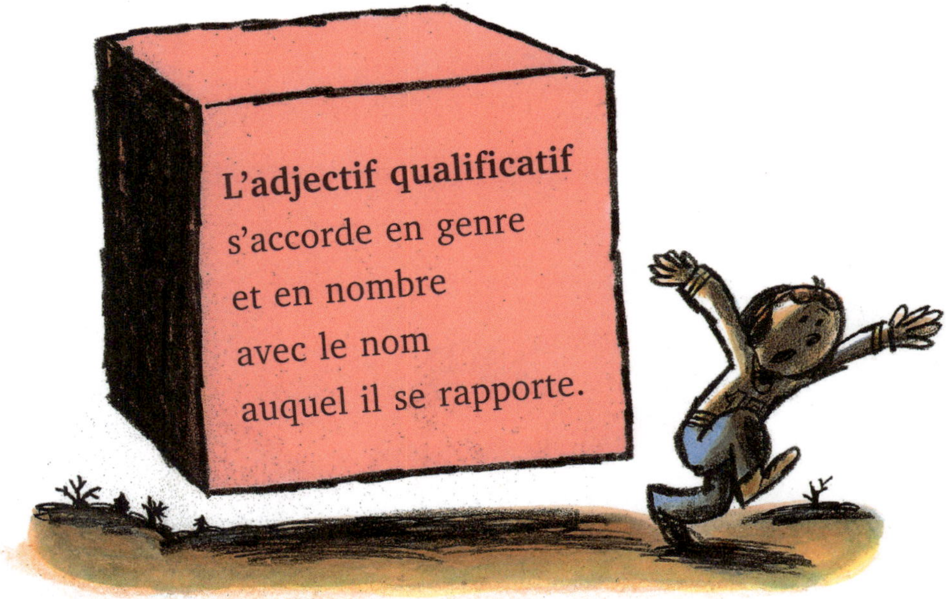

Un « encadré de grammaire » est un carré rose qui contient une règle qu'il faut apprendre par cœur. Je n'aime pas apprendre par cœur, sauf certaines poésies. Mais Melle Amita, ma maîtresse, les adore, ses encadrés chéris. Et elle fait des histoires sans fin quand on ne les sait pas.

Le matin, dans la salle de bains, j'étais très embêtée. Je n'avais pas appris la règle sur l'adjectif qualificatif. J'ai regardé le miroir bien en face, j'ai profondément pensé à Melle Amita, et j'ai prononcé ce sort :

Oreillons, varicelle et rubéole,
Qu'Amita ne vienne pas à l'école !
Grippe et pommade,
Qu'elle tombe malade !

Dans la cour, nous nous sommes mis en rangs. Les autres classes étaient déjà montées, et Melle Amita n'arrivait pas. Mme Pocus, la directrice, est venue vers nous, l'air contrarié :

– Votre maîtresse est malade. C'est moi qui vous ferai la classe.

J'avais réussi un sort magnifique : j'avais ensorcelé la maîtresse !

Ça a été une journée formidable ! On n'a rien fait. Chaque fois que la directrice voulait commencer un exercice, son téléphone sonnait, ou elle devait aller signer quelque chose.

Avec Mina, ma meilleure amie, nous avons bavardé tout le temps. Mme Pocus a même oublié de nous faire réciter l'encadré.

Mais, à quatre heures, j'ai été un peu déçue : on nous a dit que la maîtresse serait là le lendemain. Ce n'était qu'un petit refroidissement. J'avais sans doute manqué de concentration. En magie, la concentration, c'est comme le secret, c'est très important.

À la sortie de l'école, comme tous les jours, ma grande sœur Lili est venue me chercher. Nos parents travaillent tard, parfois jusqu'à l'heure du dîner. J'aimerais bien que maman rentre plus tôt, mais elle dit qu'on ne fait pas toujours ce qu'on veut.

Lili et moi, après la classe, nous nous installons chacune d'un côté de la table pour faire nos devoirs. Et nous posons une bouteille de Coca-Cola entre nous. Nos parents n'aiment pas que nous buvions du Coca-Cola. Ils disent que c'est mauvais pour les dents, que ça empêche de dormir et que, pire que tout, ça fait grossir.

Mais, Lili et moi, nous adorons ça.

Nous en achetons de grandes bouteilles avec la monnaie de l'argent que maman nous donne pour acheter le pain et les fruits. Et nous faisons disparaître la bouteille dans le vide-ordures avant que papa ou maman rentrent.

Ce soir-là, Lili ne travaillait pas. Elle chantonnait et dessinait des cœurs. Une sorcière devine sans problème ce que les gens pensent.

J'ai dit à ma sœur :

– Tu as un nouvel amoureux !

Lili a répondu :

– Oh, oui ! C'est Victor Muscadin. Il est beau, mais il est beau… Toutes les filles du collège voudraient l'avoir comme amoureux. Il a les yeux verts et un blouson en jean. Il s'est assis à côté de moi , et il m'a demandé de venir avec lui aux autos tamponneuses…

Lili adore avoir des amoureux. Je trouve que les amoureux, c'est très encombrant.

Ils n'aiment que jouer au foot.

Moi, je préfère jouer à l'élastique.

3
Mardi : l'amour en danger

Mardi, Melle Amita était là. Et bien là ! Qui a-t-elle interrogé sur l'adjectif qualificatif ? Moi. Je n'en savais pas un mot. Debout sur l'estrade, je regardais mes pieds. Melle Amita a poussé un soupir :

– Élodie, tu n'as pas appris ton encadré…

J'ai fait « non » de la tête.

– Je te donne ta chance. Apprends-le ce soir. Je t'interrogerai encore demain.

Dès le retour à la maison, j'ai plongé dans ma grammaire : « L'adjectif qualificatif s'accorde en genre et en nombre avec le nom auquel il se rapporte. »

J'ai levé les yeux : Lili ne travaillait pas. Des larmes roulaient sur ses joues.

J'ai encore deviné :

– Ça ne va plus avec Victor.

Lili a sangloté :

– Non. Il s'est assis à côté de Marie-Ange Mijoret. Elle l'a invité à sa boum d'anniversaire, et cette chipie ne m'a même pas demandé de venir !

J'étais indignée. Quel toupet, cette Mijoret !

Castor, Pollux et moi, nous avons tenu un conseil d'urgence : que ferait Aldegonde la sorcière pour aider Lili ? Facile : un philtre d'amour pour attirer Victor, et un sortilège de maladie pour repousser Marie-Ange Mijoret.

D'abord, le philtre d'amour. La recette est dans mon livre :

Une feuille de lierre, une feuille de coudrier,
Dans l'eau de pluie, une nuit, faites tremper.
Une pointe de levure pour faire l'amour lever.
Une toile d'araignée pour les liens d'amour tisser.

Les futurs amoureux doivent boire le philtre, tour à tour, dans le même verre, pendant que la sorcière récite le charme :

Bel ami, ainsi soit de nous,
Ni vous sans moi, ni moi sans vous.

À nous deux, Victor Muscadin !

J'ai couru au parc avant qu'il ferme, et j'ai demandé au gardien de me montrer le lierre et le coudrier.

Pour l'eau de pluie, c'était facile : il avait plu pendant la nuit, les soucoupes des pots de fleurs du balcon débordaient. La levure, il y en avait à la cuisine. Des toiles d'araignée, on en trouve aussi sur le balcon, derrière les géraniums de maman.

Mon philtre était prêt. Je l'ai versé dans un flacon. Un pot de confiture vide a fait l'affaire. J'ai caché le flacon sous mon lit. Il restait à faire boire le philtre à Victor et à Lili.

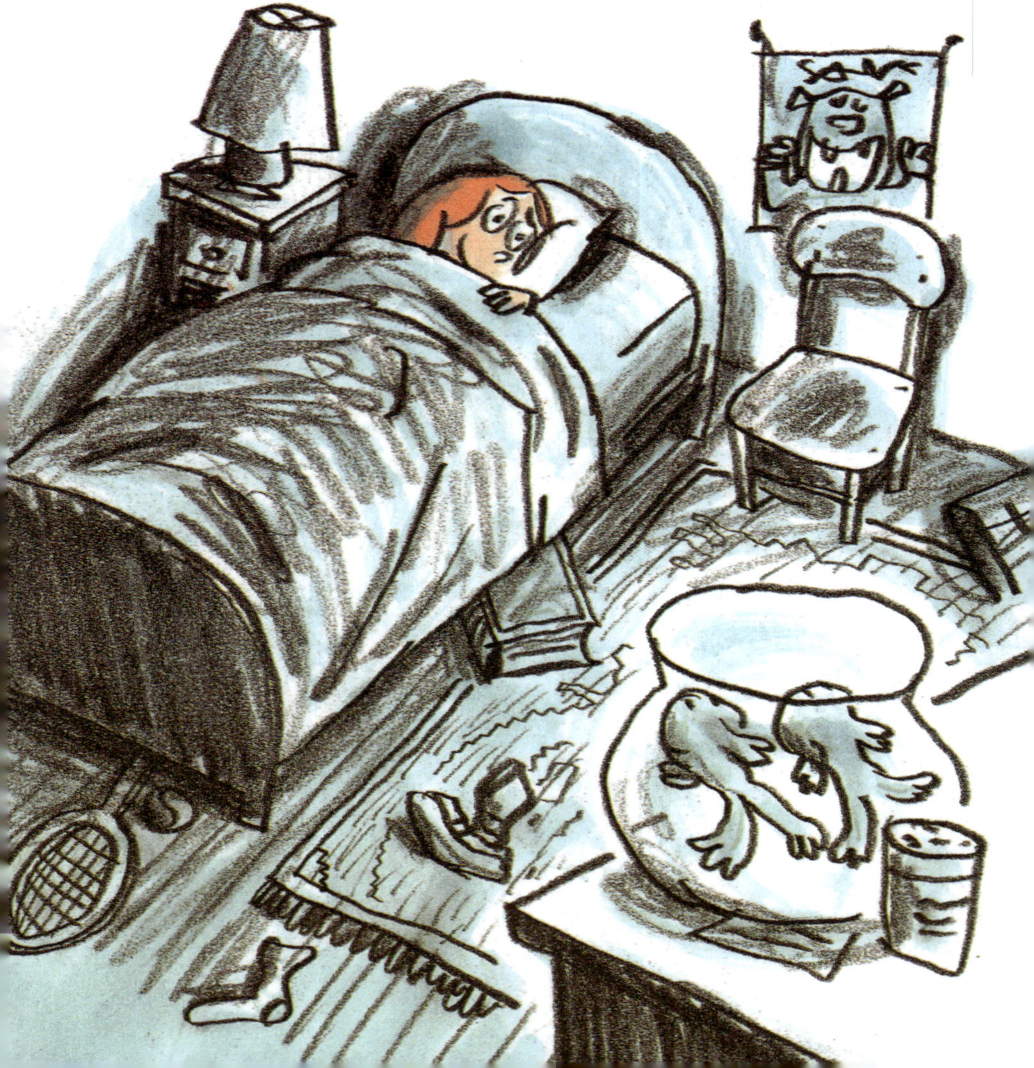

4
Mercredi : sortilèges pour tout le monde

Matinée catastrophe à l'école. Trop occupée par mon philtre d'amour, j'avais complètement oublié l'adjectif qualificatif. La maîtresse s'est fâchée pour de bon :

– Élodie, tu te moques du monde ! Si demain tu ne sais pas cette leçon sur le bout du doigt, je demande à tes parents de venir me voir, et nous prendrons les mesures qui s'imposent !

À midi, après la classe, j'ai demandé à Lili, qui a toujours de bonnes notes en tout :

– Comment fait-on pour apprendre par cœur une règle difficile ?

Ma sœur a répondu :

– On bosse, ma vieille.

Puis elle a dit :

– Victor va venir à la maison cet après-midi. Il veut qu'on fasse le devoir d'allemand ensemble.

– Il ne travaille pas avec Marie-Ange ?

– Non, elle est archinulle en allemand. Pour travailler, il préfère être avec moi. Mais pour la fête de samedi...

Et elle a poussé un énorme soupir.

Victor est venu. C'est vrai qu'il n'est pas trop vilain. Mais, si vous voulez mon avis, Lili a tort de se mettre dans tous ses états : c'est un garçon absolument normal.

Ce gros sans-gêne s'est assis à MA place en face de Lili. Ils ont sorti leurs cahiers et ils se sont mis au travail sans s'occuper de moi. J'ai demandé, tout à fait mine de rien :

– Vous voulez boire quelque chose ?

– Pas de refus, a dit Victor.

Dans la cuisine, j'ai pris deux verres et je les ai à moitié remplis de Coca. À moitié, pour qu'ils en redemandent, bien sûr ! Et j'ai versé dedans une partie de mon élixir. Je leur ai porté le breuvage magique. J'ai posé les deux verres sur la table... Les petits morceaux de toile d'araignée flottaient à la surface. On les voyait un peu. Mon cœur battait fort. Heureusement, ils ont bu sans regarder.

J'ai proposé :

– Vous en voulez encore ?

– D'accord, merci..., a dit Lili.

J'ai remporté les verres. J'ai encore versé du Coca, le reste du philtre, et j'ai échangé les verres. Depuis la porte de la cuisine, je surveillais mes futurs amoureux.

Lili a bu la première. Victor ne se pressait pas. Je pensais de toutes mes forces :

« Vas-tu boire, grand idiot ? Bois ! Mais bois donc ! La sorcière Élodie te l'ordonne ! »

Et, toc ! d'un seul coup, il a bu tout le verre. J'ai juste eu le temps de prononcer ma formule, en pensant fort à ma sœur :

« Bel ami, ainsi soit de nous,
Ni vous sans moi, ni moi sans vous »

– Qu'est-ce que tu dis ? a demandé Lili.

J'ai vite répondu :

– Tout va bien !

Il n'y avait plus qu'à attendre que fol amour les possède.

Ensuite, je me suis occupée de Marie-Ange Mijoret. J'ai prononcé le sort de maladie deux fois, c'était plus sûr.

Restait le plus difficile : l'adjectif qualificatif. Les sorcières ont une façon à elles d'apprendre les sortilèges compliqués : on doit écrire le sort sur un parchemin et le lire sept fois à l'endroit et sept fois à l'envers.

Je me suis enfermée dans ma chambre avec Castor et Pollux. J'ai déchiré une feuille de mon cahier. Avec mes ciseaux, j'ai fait des dentelures tout autour. Ça faisait un parchemin superbe !

J'ai recopié mon encadré. Je l'ai lu sept fois dans chaque sens. J'ai recommencé. J'ai encore recommencé le soir dans mon lit. Et encore une fois, le matin.

5
Jeudi : coup de tonnerre et grande magie

En classe, debout près de ma table, j'ai récité sans hésiter :

– L'adjectif qualificatif s'accorde en genre et en nombre avec le nom auquel il se rapporte.

Melle Amita a eu l'air enchanté :

– Tu vois : tu peux quand tu veux. C'est très bien, Élodie.

L'après-midi, il pleuvait. À la récréation, les garçons prenaient tout le préau pour jouer au foot. Mina, Zélie et moi, nous jouions à l'élastique dans le couloir. C'est défendu, mais il n'y avait pas d'autre endroit bien. Soudain, Mina a lâché l'élastique et elle est partie en courant ! Zélie l'a suivie comme son ombre...

Tel un coup de tonnerre, la voix de la directrice a retenti derrière moi :

– Félicitations, mademoiselle Popcorn ! Vous ne savez donc pas qu'il est interdit de jouer dans le couloir ? Vous passerez me voir dans mon bureau demain !

C'est terrible, d'aller dans le bureau de Mme Pocus ! Quand Max a cassé une vitre de la cantine, Mme Pocus a téléphoné à ses parents. Qu'allais-je devenir si elle téléphonait à papa et maman... ? J'en avais mal au ventre d'inquiétude. Mina aussi était désolée.

À la sortie, je n'ai même pas eu le courage d'en parler à Lili.

Je suis allée tout droit dans ma chambre me confier à Castor et Pollux :

– Qu'est-ce que je peux faire ? Je pourrais faire semblant d'être malade, mais avec les parents ça ne marche jamais… Que vais-je devenir ? Mais que vais-je devenir ?

Quand un affreux magicien veut détruire la sorcière Aldegonde, c'est elle qui le transforme en fumée parce qu'elle est dix fois plus intelligente que lui.

– Et si je transformais Mme Pocus en fumée ?

Castor et Pollux ont trouvé l'idée excellente. La formule figurait dans mon livre. Cette fois, c'était de la grande magie. Pour réussir, il fallait penser vraiment très, très fort à la personne à « vaporiser ». Je pouvais y arriver : je ne pensais qu'à Mme Pocus depuis le début de l'après-midi.

J’ai réfléchi longtemps, intensément, et j’ai prononcé :

« Éther ! Néant ! Éternité !
Pocus, deviens fumée ! »

Après, je me suis sentie un peu plus calme.

6
Vendredi : la directrice a disparu

Le vendredi matin, dans la cour, pas de Mme Pocus. Dans son bureau : pas de lumière. À dix heures, la maîtresse des CP est entrée dans notre classe et a demandé à Melle Amita :

– As-tu vu Mme Pocus ?

– Non. Elle n'est pas là ?

– C'est étrange, on dirait qu'elle s'est volatilisée !

« Elle s'est volatilisée… ! » J'avais fait disparaître la directrice. D'un côté j'étais soulagée, mais, de l'autre, j'avais peur : c'est grave de « vaporiser » une directrice ! Heureusement, à part Castor et Pollux, personne ne savait que c'était moi.

Soudain, dans le couloir, on a entendu la voix très mécontente de Mme Pocus :

– Ah ! Je voudrais connaître le crétin qui a éteint la lumière de la cave et refermé la porte à clé pendant que je rangeais la réserve de papier ! Cela fait deux heures que je cogne à cette porte et, naturellement, personne ne m'entend !

Melle Amita a dit :

– On dirait que Mme Pocus est de retour. Élodie, va lui porter le cahier des présences, s'il te plaît.

D'habitude, j'adore aller me promener dans les couloirs pendant la classe mais, ce jour-là, la maîtresse aurait vraiment pu choisir quelqu'un d'autre ! J'ai marché le plus lentement que je pouvais. J'ai frappé tout doucement.

– Entrez ! a dit Mme Pocus comme un pétard qui explose. Qu'est-ce que c'est ? Ah ! Le cahier des présences ! Donnez-moi ça.

Elle était noire de poussière. Elle a signé d'un geste. Ccrrriitch ! a fait la plume de son stylo. Je me faisais toute petite. Je respirais à peine. J'ai repris le cahier, et je suis partie à reculons.

J'avais presque repassé la porte quand elle a levé les yeux sur moi :

– Mademoiselle Popcorn, vous ne deviez pas venir me voir ?

J'ai fait oui de la tête.

– C'était pour quoi, déjà ? Ah oui ! Élastique dans le couloir... Voyons, vous savez fort bien que c'est strictement interdit, alors ne recommencez pas ! Et dites-le à vos collègues Mina et Zélie, que j'ai parfaitement reconnues quoiqu'elles aient filé comme des lapins. Maintenant, retournez vite en classe, ma petite. Cette ridicule histoire de cave nous a tous mis en retard.

De l’autre côté de la porte, je me suis assise par terre, tant j’étais soulagée. Je n’avais pas transformé Mme Pocus en fumée, et l’affaire du couloir était terminée. J’étais une sorcière débutante, mais c’était aussi bien comme ça !

7
Bonne fin de semaine à tous

A quatre heures, Lili était heureuse comme tout :

– Élodie, c'est trop bien ! Marie-Ange a la varicelle. Elle a dû annuler sa boum. À la place, Victor vient avec moi au cinéma.

Arrivées à la maison, nous avons mis la musique très fort et fait une danse de triomphe pour fêter dignement la varicelle de Marie-Ange Mijoret.

Mais, samedi après-midi, Victor n'est pas venu au cinéma. Il avait la varicelle aussi. Pour Victor, j'étais sûre de n'y être pour rien !

Le dimanche matin, papa et moi avons regardé ensemble les dessins animés en prenant le petit déjeuner.

Je lui ai dit :

– Ce qui serait magnifique, ce serait de découvrir un sortilège qui empêche les samedis et les dimanches de finir.

– Pardon ? a fait papa.

Il était captivé par l'écran. Heureusement, car j'avais failli trahir mon secret de sorcière…

Victor est resté chez lui pendant deux semaines. À son retour, Lili avait changé d'amoureux. Désormais, elle aime Alexandre.

On dirait que mon philtre d'amour fonctionne mal. Les toiles d'araignée étaient peut-être de mauvaise qualité... Castor et Pollux pensent que nous devrions être plus attentifs la prochaine fois. Décidément, la sorcellerie est un art difficile !

Achevé d'imprimer en août 2008 par Oberthur Graphique
35000 RENNES – N° Impression : 8711
Imprimé en France